Légende

Revidiert von
August Wilhelmj

Henri Wieniawski (1835–1880)
op. 17 (erschienen 1861)

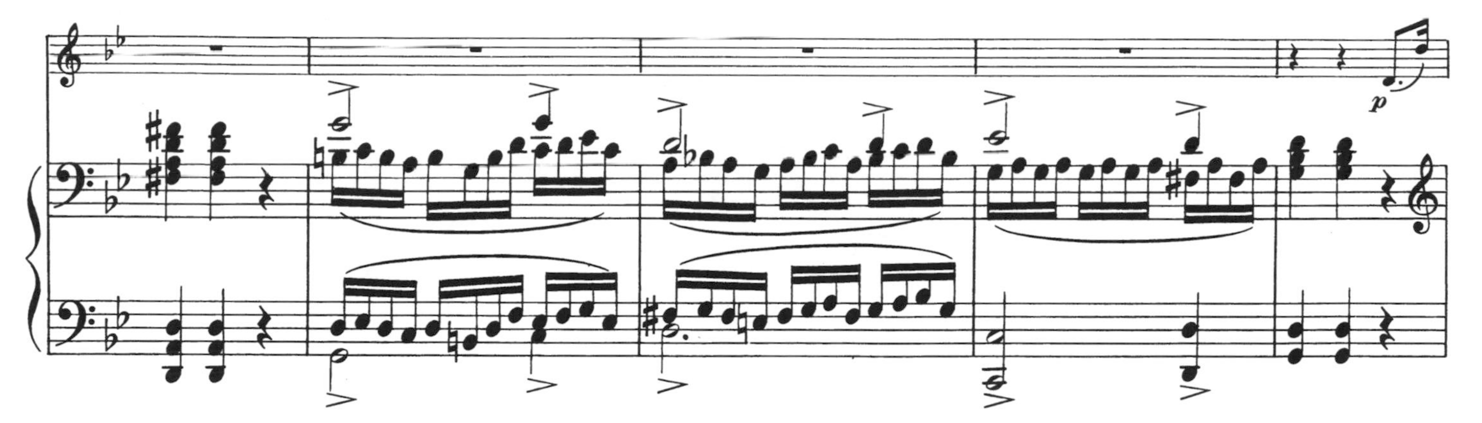

p espressivo
f
pp
3
3
poco a poco rit.
a tempo
p
pp
cresc.

f
p
cresc.
8

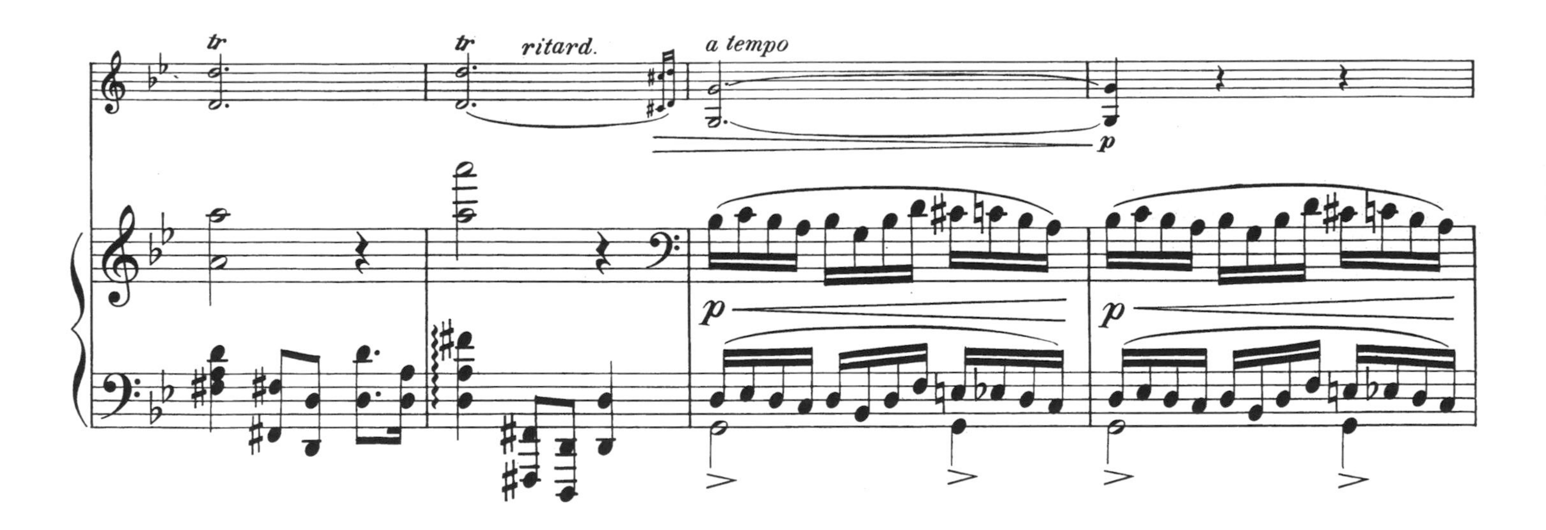
tr
tr
ritard.
a tempo
p
p
p

cresc.

più f
f
mf

cresc.
pp
poco agitato

sf
sf
f appassionato
p
f ritard.

f
f
f
Tempo I
mf
cresc.
f

dim.
pp
ppp
dim.
pp
ritard.

mf molto cantabile
Allegro moderato
p

f
mf

f

III
con sord
sotto voce

II
cresc.

II
f
p espressivo

poco a poco rit.
f
pp
a tempo
cresc.

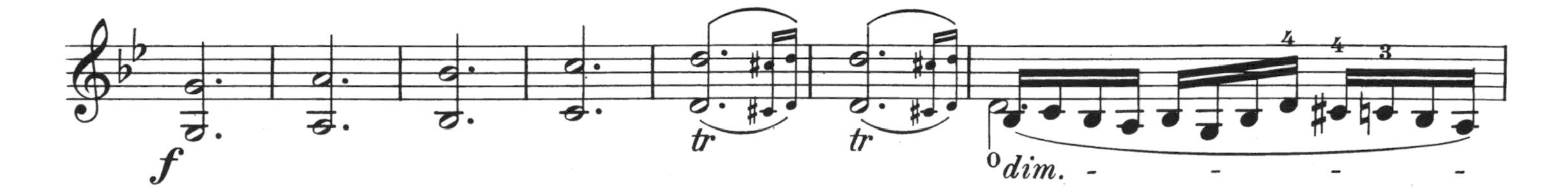
f
tr
tr
dim.

morendo
pp

poco animato
sempre dim.

riten.
pizz.
ppp

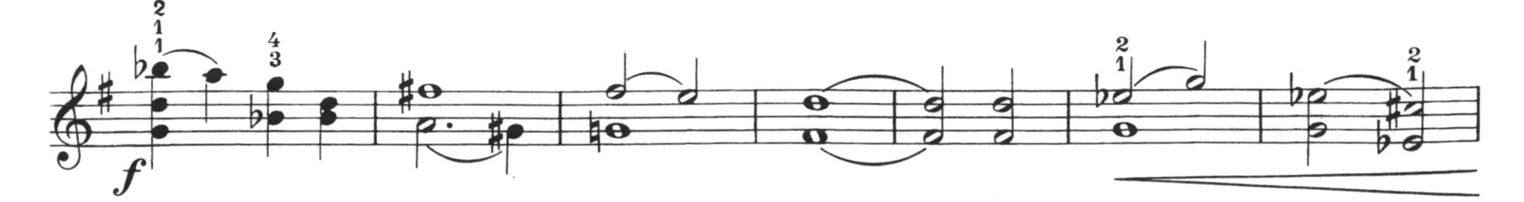

sempre cresc.

appass.
sempre fortissimo

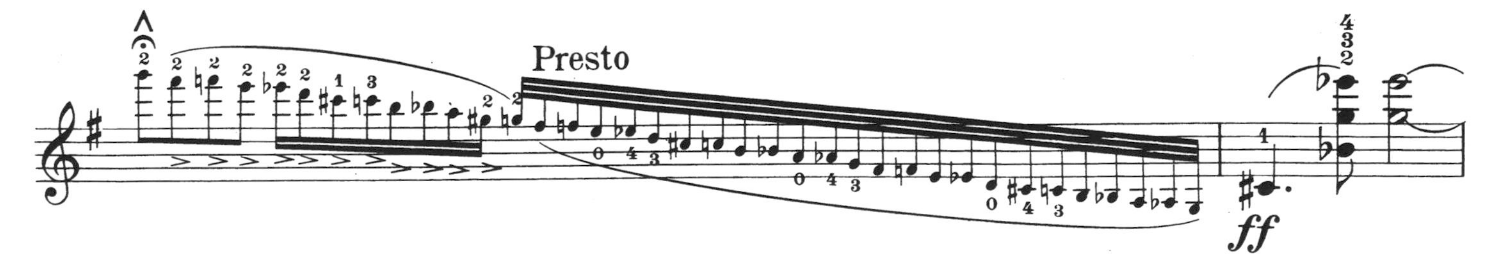
Presto

Moderato maestoso
largamente
rit.

Andante
Piano

f
dim.

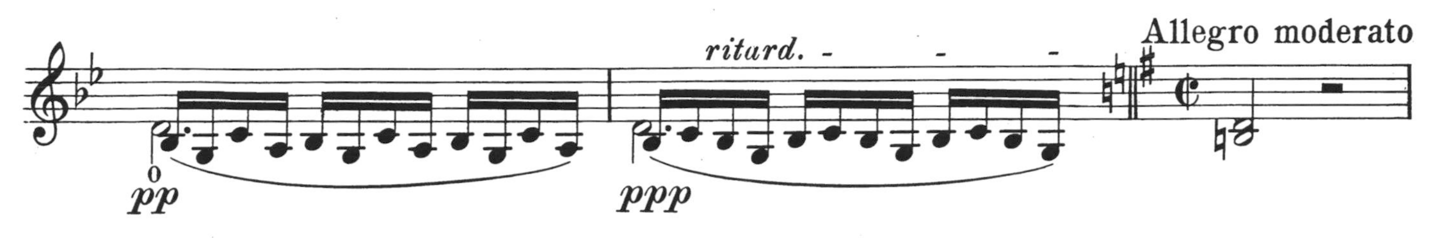
ritard.
Allegro moderato
pp
ppp

mf molto cantabile
f

mf
f

cresc.
f

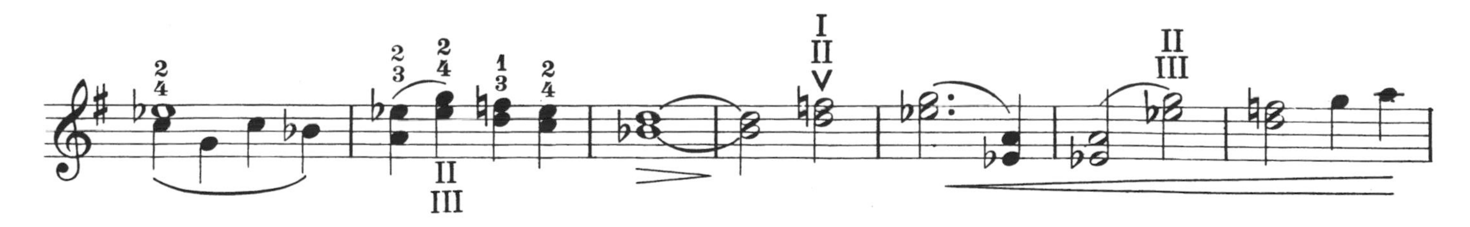

Violine

Légende

Revidiert von
August Wilhelmj

Henri Wieniawski (1835–1880)
op. 17 (erschienen 1861)

ED 05037

cresc.

f

f

cresc.

ff
sempre cresc.
ff
sempre cresc.

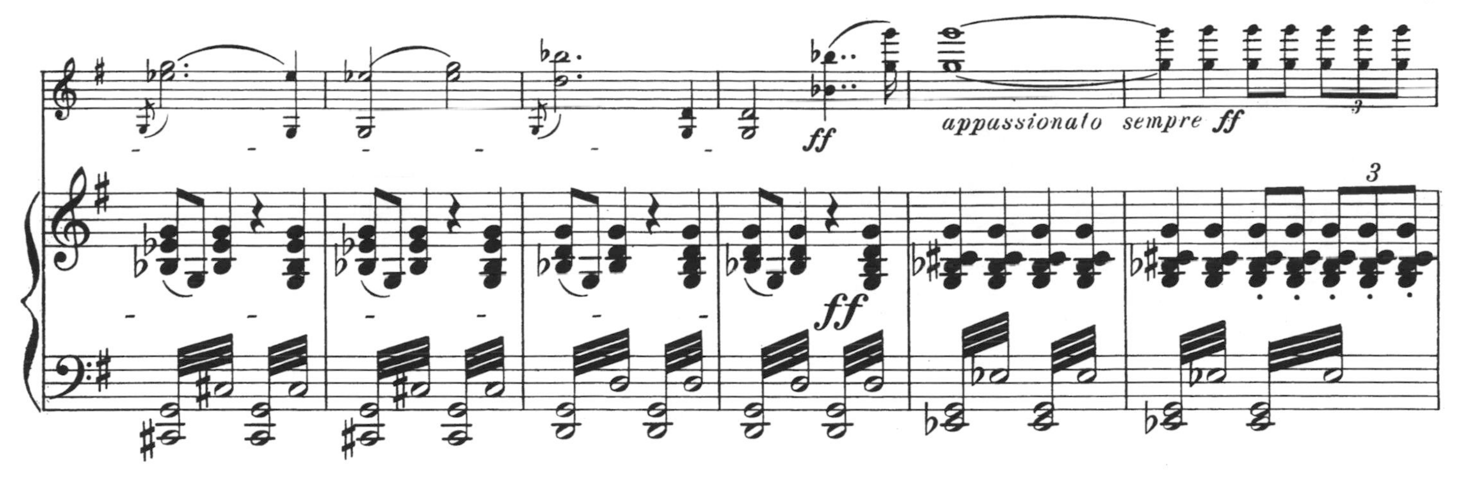
ff
appassionato sempre ff
3
ff

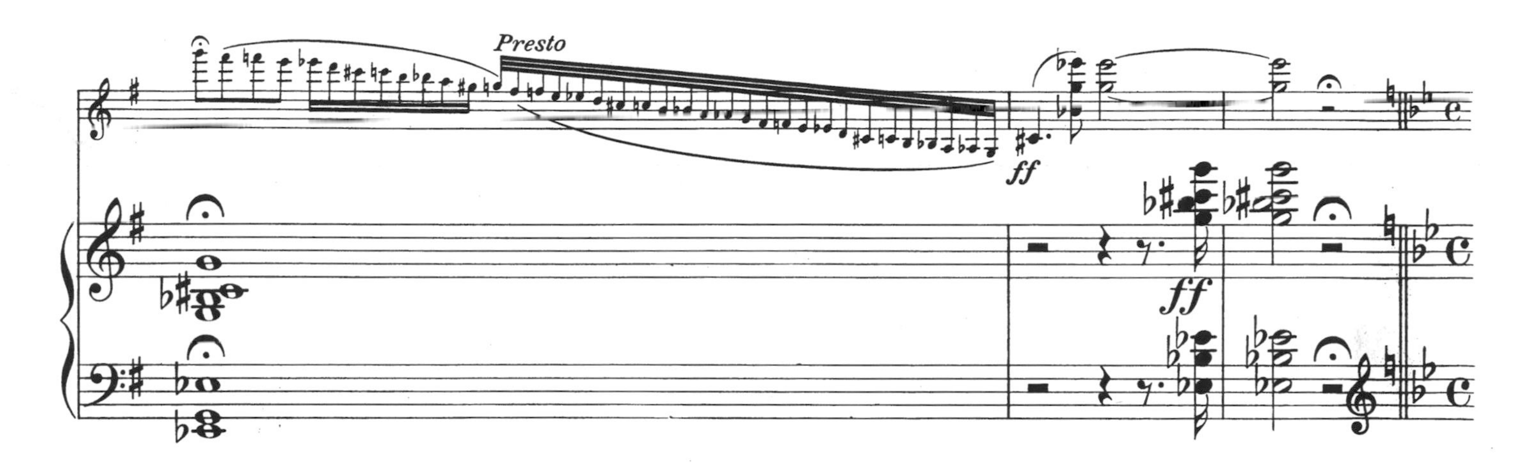
Presto
ff
ff

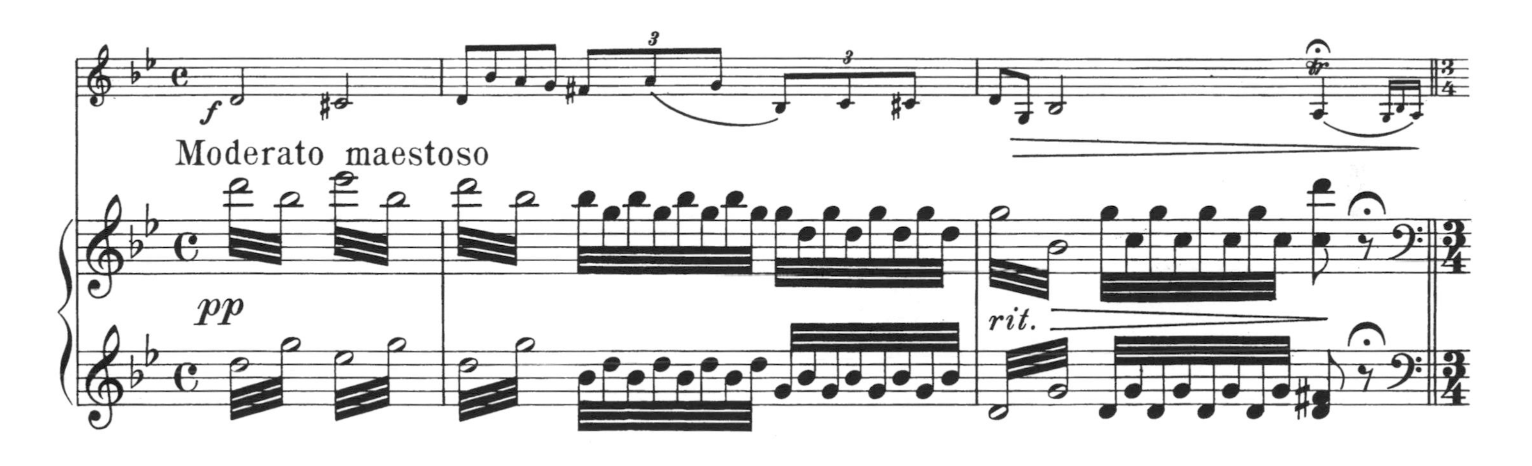
f
3
3
Moderato maestoso
pp
rit.

p
Andante
p
p

con sord.
p

sotto voce
p

cresc.
cresc.

f
p espressivo
f
pp
poco a poco rit.
mf espressivo
p
pp
sf

p
cresc.
f
p
cresc.
p

dim.
cresc.
8
f
ritard.
p

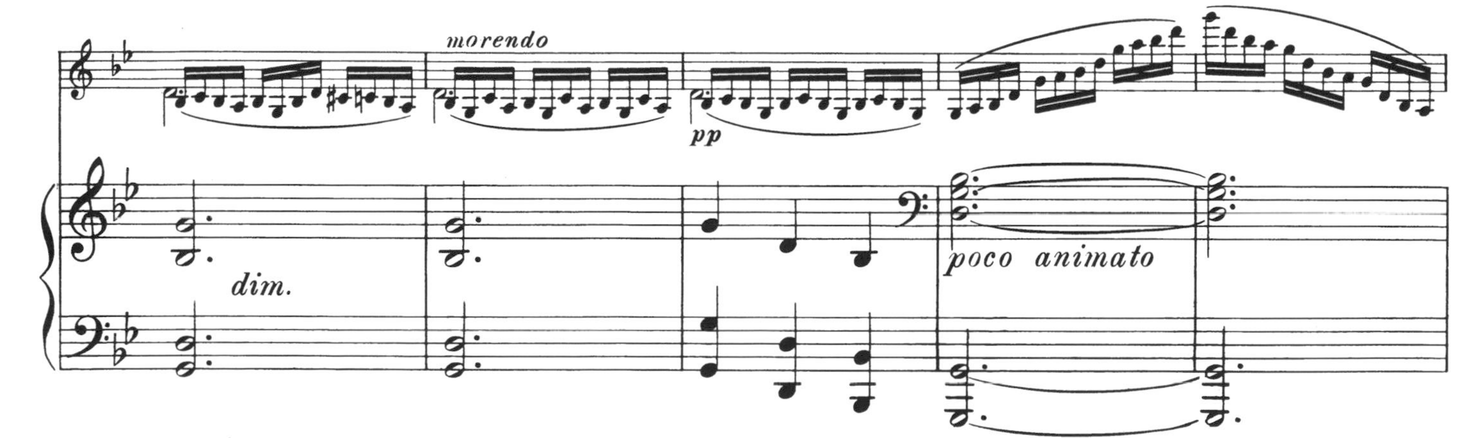
morendo
pp
dim.
poco animato

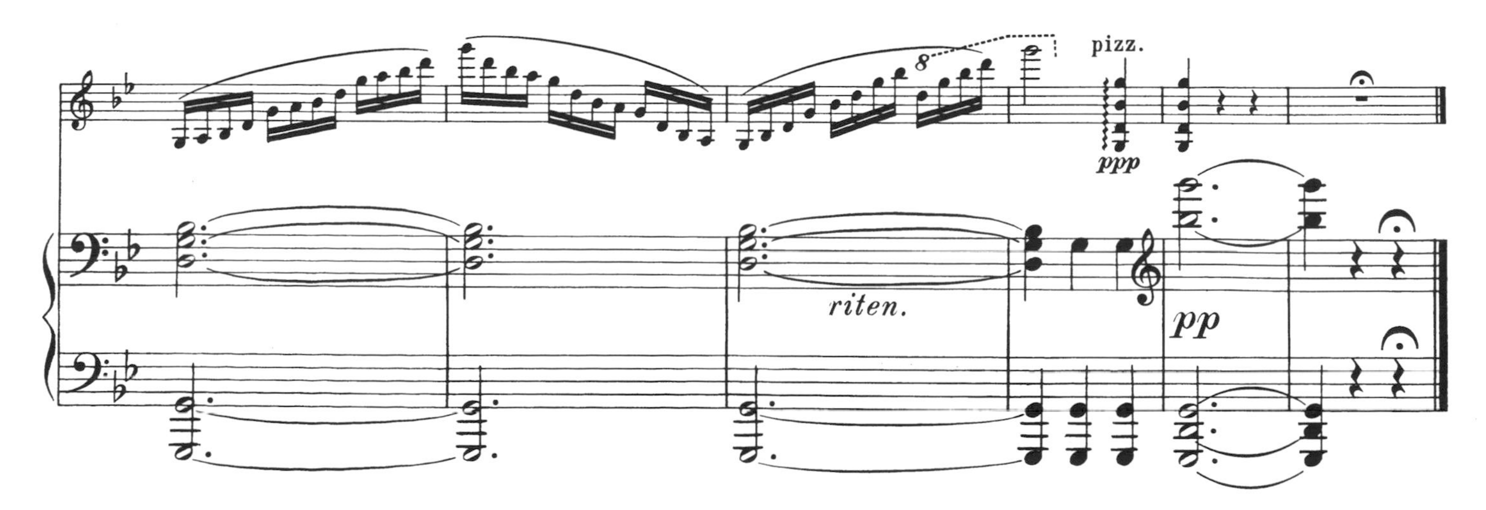
8
pizz.
ppp
riten.
pp

Musik für Violine und Klavier
Music for violin and piano
Musique pour violon et piano

Emanuel (Emil) Bach
Frühlings Erwachen
ED 02425

Johann Sebastian Bach
Air aus der Suite Nr. 3 D-Dur
ED 05478

Ludwig van Beethoven
Sonate F-Dur
(Frühlings-Sonate)
ED 02637

Sonate A-Dur
(Kreutzer-Sonate)
ED 02651

Charles-Auguste de Bériot
Air varié d-Moll op. 1
ED 02659

Luigi Boccherini
Berühmtes Menuett A-Dur
ED 02213

Gaetano Braga
La Serenata
„Der Engel Lied"
ED 09670

Johannes Brahms
Walzer A-Dur
ED 07600

Wiegenlied
ED 07638

Ungarischer Tanz No. 5
ED 07595

Ungarischer Tanz No. 6
ED 07596

Arcangelo Corelli
Pastorale aus dem
Weihnachtskonzert
ED 09693

Alphons Czibulka
Stephanie-Gavotte
ED 07327

Léo Delibes
Valse lente aus „Coppélia"
ED 08889

Deutschland-Lied
(Joseph Haydn)
m. 2 V., Va., und Vc. ad lib.
ED 07150

Anton Dvōrák
Humoreske
ED 08038

Zdenko Fibich
Poème
ED 04964

Joseph-Hector Fiocco
Allegro
ED 09717

L'Anglaise
ED 09730

Bernhard Flies
Wiegenlied
„Schlafe, mein Prinzchen"
und
Christoph Willibald von Gluck
Reigen seliger Geister
ED 07108

Benjamin Godard
Berceuse de Jocelyn
ED 07416

Charles Gounod
Ave Maria (Meditation)
ED 09674

Georg Friedrich Händel
Berühmtes Largo
ED 05019

Sonate A-Dur, F-Dur, D-Dur
ED 09185/86/87

Joseph Haydn
Serenade a. d. Quartett No. 17
ED 02297

Josef Hellmesberger
Ballszene
ED 09195

Gustav Langer
Großmütterchen
ED 08739

Carl Latann
Frei weg. Marsch
ED 07969

Francesco Manfredini
Largo aus dem
Weihnachtskonzert
ED 09691

Wolfgang Amadeus Mozart
Sonate A-Dur, KV 305
ED 03881

Sonate e-Moll, KV 304
ED 03891

Ave verum
ED 02538

Ethelbert Nevin
Der Rosenkranz
ED 09577

Jaques Offenbach
Barkarole
ED 02594

Nicolò Paganini
Moto perpetuo
ED 09701

Sonate e-Moll No. 12
ED 05366

Joachim Raff
Berühmte Cavatine
ED 06198

Nikolai Rimsky-Korssakow
Hummelflug
ED 09628

Gioacchino Rossini
Ouvertüre aus
„Die diebische Elster"
ED 05593

Anton Rubinstein
Melodie F-Dur
ED 02380

Pablo de Sarasate
Malagueña
ED 09702

Romanza andaluza
ED 09703

Zigeunerweisen
ED 09625

Johann Schrammel
Wien bleibt Wien. Marsch
ED 07312

Franz Schubert
(Dresden)
L'Abeille (Die Biene) op. 13/9
ED 03843

Robert Schumann
Träumerei op. 15/7
und Abendlied op. 85/12
ED 02400

Johann Strauß (Sohn)
Rosen aus dem Süden.
Walzer
ED 07874

Frühlingsstimmen. Walzer
ED 07878

Franz von Suppé
Ouvertüre aus
„Dichter und Bauer"
ED 07454

Ouvertüre aus
„Leichte Kavallerie"
ED 07463

Johan Severin Svendsen
Romanze
ED 09648

István Szelényi
Improvisation
ED 09767

Henri Vieuxtemps
Rêverie
ED 02755

Richard Wagner
Brautlied aus „Lohengrin"
ED 03088

Henri Wieniawski
Légende
ED 05037

Obertass, Mazurka
ED 05040

Kuyawiak
ED 05044

www.schott-music.com

R 67 · 6-04

ISMN 979-0-001-08872-5 | ED 05037

DISTRIBUTED IN NORTH AND SOUTH AMERICA
EXCLUSIVELY BY
HAL LEONARD
49008797

ISBN 978-3-7957-9552-8 | ED 05037